Lon L. Fuller

O CASO DOS **EXPLORADORES** DE CAVERNAS

TRADUÇÃO E NOTAS DE

Claudio Blanc

APRESENTAÇÃO E COMENTÁRIOS DE

Célio Egídio

Jardim Dos Livros

Título original:
The case of the speluncean explorers

"Republished with permission of Harvard Law Review Association, from [The Case of the Speluncean Explorer, Lion L. Fuller, vol. 62, nº 4, 1949]; permission conveyed through Copyright Clearance Center, Inc."

4ª edição – Maio de 2023

Grafia atualizada segundo o Acordo Ortográfico da Língua Portuguesa
de 1990, que entrou em vigor no Brasil em 2009

Editor e Publisher
Luiz Fernando Emediato

Capa e Projeto Gráfico
Alan Maia

Revisão
Marcia Benjamim de Oliveira

Preparação
Nanete Neves

Dados Internacionais de Catalogação na Publicação (CIP)
(Câmara Brasileira do Livro, SP, Brasil)

Fuller, Lon L., 1902-1978
O caso dos exploradores de cavernas / Lon L. Fuller ; tradução e notas Claudio Blanc ; apresentação e comentários de Célio Egídio. -- São Paulo : Geração Editorial, 2023.

Título original: The case of the speluncean explorers.
ISBN 978-85-8130-395-6

1. Direito - Filosofia I. Blanc, Claudio.
II. Egídio, Célio. III. Título.

18-12281 CDD: 340.12

Índices para catálogo sistemático

1. Direito : Filosofia 340.12

EMEDIATO EDITORES
Rua João Pereira, 81 - Lapa
CEP: 05074-070 - São Paulo - SP
Telefone: (+ 55 11) 3256-4444
E-mail: geracaoeditorial@geracaoeditorial.com.br
www.geracaoeditorial.com.br

Impresso no Brasil
Printed in Brazil

SUMÁRIO

APRESENTAÇÃO

DE CÉLIO EGÍDIO

Mergulhar no universo de Fuller é trazer um verdadeiro estudo sobre a Filosofia do Direito em sua maior expressividade, pois o autor transfere para um ambiente hermético os atores principais, os espeleólogos, para a criação de normas diante da adversidade de um resgate atemporal.

É uma obra utilizada também por outras ciências, afinal ao sociólogo é fundamental trazer ao debate o isolamento com o qual foram submetidos e os comportamentos diante de situação *sui generis* em que a vida deveria ser negada por algum de seus componentes.

A ficção apresentada pelo autor é uma forma de conhecer as principais linhas e correntes de pensamento. É uma grande alegoria em que se consegue observar dois momentos claros: a primeira parte, referente ao fato, e a segunda parte, referente ao julgamento do fato, com uma grande navegação pelas escolas de pensamento da jusfilosofia, por meio dos juízes que julgavam o caso, tanto na esfera no primeiro grau, bem como o magistrado do grau de recurso.

Conta-se que Fuller teve sua inspiração em casos de naufrágios que também foram seguidos de eliminação da vida humana em benefício da sobrevivência da maioria.

Não se confunde a caverna desta obra com a de Platão, onde a ausência de percepção foi dada em virtude do encarceramento das mentes das pessoas. Neste caso, as pessoas estavam encarceradas e sem condições de qualquer outra percepção que não a própria sobrevivência, e diante da falta de expectativa de resgate.

O *caso dos exploradores de cavernas*, além do debate sobre a preservação da vida e a forma como podemos criar "normas" sociais, também traz contornos para a análise do debate jurídico, e do papel dos juízes e das leis na sociedade. Afinal a obra tem como ponto central a execução do justo e a aplicação da equidade, que é a aplicação do direito ao caso concreto, muito bem abordada por Aristóteles em sua obra *Ética a Nicômano*, onde a referência era a régua de Lesbos — uma espécie de trena que se adaptava aos contornos das pedras retiradas de uma pedreira que seriam usadas para construção, a fim de medi-las. A analogia do Estagirita era que o direito fosse aplicado ao caso concreto de acordo com sua forma, trazendo, sim, a devida equidade. É nesse diapasão que caminham todos os julgamentos e expressões dos juízes do caso.

Nesse viés, é possível trazer ao debate a similaridade da sociedade atual, distante da fictícia sociedade do ano de 4300, assim como a suprema corte de Newgarth, para a realidade brasileira.

O professor de direito poderá entrar na discussão da formação da lei que deriva da sociedade e discutir de que forma está modelada a atual, ou seja, como vive e como se relaciona o brasileiro diante das normas. Não que estejam fisicamente em uma caverna, mas diante das várias sociedades bloqueadas que vivenciamos, principalmente nos grandes centros do sudeste brasileiro — com uma enormidade de favelas e comunidades de alta vulnerabilidade, em que o domínio de facções criminosas cria "cavernas" novas, com "novas" leis e regras de convivência, formando um verdadeiro hiato social entre a lei posta pelo Estado e sua aplicabilidade.

Com essa relação bloqueada pelo crime organizado, os noticiários dos últimos anos, e quem sabe dos próximos, ainda terão como destaque a guerra entre os grupos de infratores da lei, exteriorizando um universo de violência que não se limita aos sons de armas sofisticadas, mas no silêncio de muitos que estão submissos a esse poder de uma "caverna" que determina seu comportamento, forma de aplicação da lei, sem a esperança de um resgate a tempo de salvar a si ou aos seus.

É fato que o Poder Judiciário possui a premissa de pacificar a sociedade, estabelecendo a justiça propriamente dita, mas se Fuller estivesse nos morros do Rio de Janeiro, não precisaria reportar-se aos antigos naufrágios, mas sim ao isolamento invisível em que se encontram milhares de pessoas.

Em suma, temos dois grandes momentos dessa obra magnífica para ser aplicada em qualquer momento da formação do futuro profissional que irá tratar das ciências sociais aplicadas, especialmente a Ciência Jurídica.

Os fatos

Trata-se de ficção ocorrida em 4299, no condado de Stowfield na Whetmore Company, em que o seu proprietário, Roger Whetmore, também espeleólogo juntamente com outros quatro estudiosos da sociedade de espeleologia, partem para a explorar o interior de uma caverna de rocha calcaria.

Após certo tempo de caminhada no interior da caverna, blocos de pedra fecharam a entrada impossibilitando que saíssem. Como tardaram a retornar para suas casas, as famílias notificaram a falta e foi montada uma esquipe de resgate.

Várias foram as dificuldades encontradas pela primeira equipe que chegou ao local, notando que seriam necessários vários equipamentos e pessoal para se efetivar o resgate, além de ser uma operação onerosa.

Ao iniciar seu contato com a equipe de resgate, médicos e outros sobre as possibilidades de sobrevivência diante daquela situação, Whetmore soube que, talvez, o tempo necessário para a libertação ultrapassasse os limites dos suprimentos que eles, os exploradores, haviam levado consigo.

A crise se agrava no momento em que os aprisionados ficam sabendo que o resgate será feito em dez dias e levantam, diante das condições em que se encontram, a possibilidade de utilizarem carne humana para sobreviver até o término do resgaste. Ninguém externo a eles ofertou parecer favorável, pois estavam em um mundo ordinário e não submetidos ao da realidade dos confinados, que "distante das regras naturais" podiam criar as suas próprias para fins de sobrevivência.

Diante de tal situação, Whetmore propôs para os companheiros se seria aconselhável que um deles fosse sacrificado para que os outros pudessem sobreviver. Indagando se seria coerente tirar na sorte, nenhum dos médicos, padres, juízes, ou autoridade governamental assumiu a responsabilidade de responder à pergunta. Como as baterias dos comunicadores se encerravam na mesma forma das relações sociais com o mundo "exterior", paralelamente crescia entre eles a ideia de uma nova formação de regra de sobrevivência com a possibilidade de se retirar a vida de um deles.

Como nas favelas cariocas ou na periferia da cidade de São Paulo, a ausência estatal faz com que os criminosos criem suas normas de conduta, na caverna elas também foram criadas, com um jogo, para que alguém fosse sacrificado a fim de que outros sobrevivessem. Foi Whetmore, segundo o que foi relatado, o primeiro a propor que um deles ofertasse sua vida para a sobrevivência dos demais. Depois de vários debates, todos concordaram com a situação, sendo que criaram uma espécie de jogo da sorte em que, por final, o próprio autor foi o vitimado, ou o "escolhido".

Em momento interessante da obra, após Whetmore ser o sorteado, ele se arrepende e deseja ficar vivo mais alguns dias alegando uma possibilidade de resgate, mas todos o contrariam pois estava "quebrando" a própria regra que criou. Então retiraram a sua vida, mesmo com a sua discordância. Retornamos à questão das "lacunas estatais" e às normas que são criadas pelas sociedades em virtude dessa desídia ou até ausência estatal. Assim, Fuller traz muita similaridade com os fatos atuais em nossa sociedade, com a exposição de uma diversidade de correntes sociológicas que exteriorizam nessa obra, inclusive a questão do contrato social "rousseano": "... cada um condiciona sua liberdade".

Os espeleólogos foram socorridos e levados para tratamento, mas ao serem apresentados às autoridades, foram condenados.

O julgamento e os votos

Os espeleólogos foram condenados com base no veredicto do juiz de primeira instância ou de recepção do processo. Esse veredicto destaca que mais dez pessoas foram mortas no curso do resgate, sentenciando que os exploradores sobreviventes fossem levados à forca. Os réus entraram com recurso junto ao chefe do Poder Executivo pedindo que tal sentença fosse comutada em prisão de seis meses.

Chega-se ao ápice da obra com os votos dos juízes, verdadeiras aulas sobre as vertentes que podem ocorrer no direito.

Percebam que recentemente estão públicas as divergências entre os ministros do Supremo Tribunal Brasileiro, sendo que é natural a divergência de votos e a diversidade de correntes seguidas por um ou outro magistrado.

O juiz Foster, embora diante de um caso assombroso, com corrente naturalista, entende que os condenados estavam privados das leis que se estabeleciam dentro de Newgarth e resolve inocentá-los. Por outro lado, o juiz Keen, positivista (norma pela norma) segue afirmando que cometeram homicídio e devem responder a este ato. Já o juiz Tatting posicionou-se de forma híbrida, levando em conta o aspecto emocional e a aplicação da lei, e criticou o voto do juiz Foster e suas posições ao direito natural.

Tatting questiona em qual momento os réus entraram em seu "estado natural": no momento da entrada da caverna, no instante do acidente, no momento do perigo ou na última tentativa de sobrevivência. Soma em suas dúvidas como aplicar a lei vigente, diante de tantas controvérsias.

Várias hipóteses foram levantadas: a da "compensação" de mortes — afinal morreram dez operários para salvar quatro pessoas —; se Whetmore era homicida; se houve a excludente da legítima defesa no momento que ele se recusou a cumprir a norma por ele criada; e até hipóteses religiosas sobre o caso.

Percebam que julgam a clemência do Poder Executivo em não condenar os réus, ou seja, o autor criou um sistema jurídico próprio para este ambiente fictício, trazendo os vários atores estatais para sua responsabilidade diante de um caso de homicídio e canibalismo.

Evidentes são os exemplos de aplicação da lei diante desse caso para os demais casos, e que a correção de erros ou equívocos legislativos não suplanta a vontade do poder legislativo em torná-las mais efetivas.

Emitiram seus votos os juízes Hand J. Keen, Trupenny, Foster e Tatting. O juiz Keen apresentou em seu voto a incompetência daquele tribunal, dissertando sobre o sofrimento já impingido a todos, mas condenou os réus, pois a lei deveria ser cumprida. E debateu com o juiz Tatting, que julgou muito severas as suas conclusões, pois entendia que uma lei deveria ser aplicada segundo os propósitos. Imputar responsabilidade criminal a uma pessoa "livre" é simples, mas diante das circunstâncias, era difícil julgar conforme a lei. Já o juiz Foster tentou encontrar hiatos na lei para que aqueles réus não pudessem ficar sem punição.

Essa grande contrariedade de pensamento, natural em debates, nós podemos acompanhar nos tribunais superiores brasileiros.

Hand J. ressaltou a publicidade do ato e que isso afetaria a opinião pública e a importância dessa opinião no momento da formação da decisão, dizendo que os acusados deveriam ser perdoados ou deixados em liberdade, com uma espécie de pena simbólica, mas que a forma não constituísse nem defesa nem acusação. Continuou o seu voto expressando a contrariedade sobre o caso, com a abstenção do Ministério Público, e da grande divergência de votos, ficando nítida para a população a divergência de pensamento dentro da própria corte.

Os exploradores sobreviventes foram julgados e condenados à morte pela forca, pelo assassinato de Whetmore. Os réus recorreram da decisão. Quatro juízes estavam no caso: dois votaram a favor dos réus (Foster e Handy), um juiz condenou (Keen), e o outro juiz recusou-se a participar (Tatting). E com o voto do presidente do tribunal da primeira instância, deu-se empate nas votações. Assim foram condenados à morte, marcada para o dia 2 de abril de 4300, às 6 horas da manhã de sexta-feira.

No final do livro, o autor afirma que, se encontrarmos algum dia situação parecida, deveremos nos responsabilizar pelos nossos atos, independentemente do caso em questão. Em resumo, essa obra é uma grande aula sobre o ser humano, suas fraquezas, sua expressividade de pensamento, sobre aplicação de leis, enfim, sobre o direito.

O caso dos exploradores de cavernas foi inspirado em dois casos reais de naufrágio: *U.S. v. Holmes* (1842) e *Regina v. Dudley & Stephens* (1884).

Sextante presente no naufrágio que Dudley levou para Austrália após sua soltura. O objeto foi comprado por um colecionador de antiguidade náutica, pagou na época £ 37. Só após a compra descobriu a história fatídica o que valorizou o sextante em mais de £ 1.000

Case No. 15,383.

UNITED STATES v. HOLMES.

[1 Wall. Jr. 1.] [1]

Circuit Court, E. D. Pennsylvania. April 22, 1842.

CONDUCT OF TRIAL—ADMISSION OF PERSONS WITHIN BAR—HOMICIDE BY SEAMEN—SHIPWRECK—ABANDONMENT OF PASSENGERS.

1. Although this court is deprived, by the act of March 2, 1831, of the power to punish, as for a contempt of court, the publication during trial, of testimony in a case, yet, having power to regulate the admission of persons, and the character of proceedings within its own bar, the court can exclude from within the bar any person coming there to report testimony during the trial.

[Cited in U. S. v. Anon., 21 Fed. 768.]

2. Seamen have no right, even in cases of extreme peril to their own lives, to sacrifice the lives of passengers, for the sake of preserving their own. On the contrary, being common carriers, and so paid to protect and carry the passengers, the seamen, beyond the number necessary to navigate the boat, in no circumstances can claim exemption from the common lot of the passengers.

No caso *U.S. v. Holmes* (1842) não houve canibalismo, mas os homicídios foram praticados como forma de aliviar a carga do bote salva-vidas, que estava ameaçado pela superlotação. Alexander Holmes foi considerado culpado e condenado a seis meses de prisão e uma multa de US$ 20. Nenhum dos outros membros da equipe foi levado a julgamento.

Artigo publicado pelo *The Illustrated London News* sobre o naufrágio do iate Mignonette em 1884, conhecido como *Regina v. Dudley e Stephens*. A beira da morte pela fome Dudley e Stephens mataram um jovem de 17 anos para que pudessem comê-lo. Dudley e Stephens foram condenados à morte. No entanto, devido a um protesto público, a sentença foi reduzida para seis meses de prisão.

SUPREMA CORTE DE NEWGARTH,
ano 4300

Os réus, acusados do crime de homicídio, foram condenados e sentenciados à forca pelo Tribunal de Instâncias Gerais do Condado de Stowfield. Eles apresentaram uma petição de erro perante este tribunal. Os fatos parecem ser suficientes na opinião do juiz principal.

Truepenny, C. J. — Presidente

Os quatro acusados são membros da Sociedade Espeleológica, uma organização de amadores interessados na exploração de cavernas. No início de maio de 4299, eles, na companhia de Roger Whetmore, então também membro da sociedade, penetraram no interior de uma caverna de calcário do tipo encontrado no planalto central desta Confederação[1]. Quando chegaram a um ponto afastado da entrada da caverna, ocorreu um deslizamento. Pedras pesadas caíram, de forma a bloquear completamente a única via conhecida

[1] O termo original é Commonwealth, uma organização intergovernamental composta por diferentes nações, na qual os estados-membros cooperam num quadro de valores e objetivos comuns. A palavra "confederação", i.e., "Reunião de diversos estados que, mesmo mantendo governos próprios, se colocam sob a dependência de um governo central, com o intuito de defender interesses comuns" (*Michaelis*), aplica-se melhor à ideia pretendida pelo autor desta ficção futura (Nota do Tradutor).

de acesso e de saída para a caverna. Ao descobrir sua situação, os homens se colocaram perto da entrada obstruída para esperar a equipe de resgate remover os escombros que os impediam de deixar sua prisão subterrânea. Como Whetmore e os réus tardassem em retornar às suas casas, o secretário da sociedade foi notificado por suas famílias. Ao que tudo indica, os exploradores deixaram indicações na sede da sociedade sobre a localização da caverna que iriam visitar. Uma equipe de resgate foi imediatamente enviada ao local.

O trabalho de resgate foi de uma dificuldade esmagadora. Fez-se necessário suplementar a equipe original com repetidos envios de homens e máquinas adicionais, que tiveram de ser transportados a grande custo para a região remota e isolada na qual a caverna estava localizada. Foi montado um enorme acampamento temporário de trabalhadores, engenheiros, geólogos e outros especialistas. O trabalho de desobstrução foi várias vezes frustrado por novos deslizamentos de terra. Em um desses acidentes, dez trabalhadores que estavam desobstruindo a entrada da caverna foram mortos. Os fundos da Sociedade Espeleológica foram logo esgotados no esforço de resgate, e a soma de 800 mil *frelares*[2], levantada em

[2] Moeda fictícia criada pelo autor (N. do T.).

parte por doações do público e em parte por concessão governamental, foi gasta antes de os homens presos serem salvos. O resgate foi finalmente concluído no trigésimo segundo dia após os espeleólogos terem entrado na caverna.

Sabia-se que os exploradores haviam levado poucas provisões e que também não havia matéria animal ou vegetal na caverna da qual pudessem subsistir, portanto, temeu-se que os exploradores viessem a morrer de inanição antes que o acesso até eles fosse aberto. No vigésimo dia, descobriu-se que eles haviam levado para a caverna uma máquina de comunicação portátil sem fio. Uma máquina semelhante foi instalada de imediato no acampamento de resgate e foi estabelecida comunicação oral com os infelizes homens presos na montanha. Eles perguntaram quanto tempo seria necessário para resgatá-los. Os engenheiros encarregados do projeto responderam que seria preciso pelo menos dez dias, isso se não ocorresse um novo deslizamento. Os exploradores quiseram, então, saber se havia médicos presentes, e foram colocados em contato com uma junta de médicos especialistas. Os aprisionados descreveram sua condição e as rações que haviam levado e pediram a opinião dos médicos sobre a possibilidade de sobreviverem por mais dez dias. O presidente da junta médica lhes respondeu que as possibilidades eram remotas. Então, o aparelho sem fio na caverna ficou em silêncio por oito horas. Quando a comunicação foi restabelecida, os homens pediram para falar novamente com os médicos. O presidente da junta médica foi colocado no aparelho, e Whetmore, falando em nome de si mesmo e dos réus, perguntou se eles poderiam sobreviver por dez dias mais se consumissem a carne de um deles. Com relutância, o presidente dos médicos respondeu afirmativamente à questão. Whetmore, em seguida, perguntou se seria aconselhável que eles tirassem a sorte para determinar qual deles deveria ser consumido. Nenhum dos médicos presentes estava disposto a responder à pergunta. Em seguida, perguntou se havia entre os membros da equipe de resgate um juiz ou outro funcionário do governo que pudesse responder a essa questão. Ninguém no acampamento quis assumir o papel de orientador neste problema[3]. Ele então perguntou se algum pastor ou padre poderia responder, e não se encontrou nenhum que o fizesse. Posteriormente, não foram recebidas mais mensagens da caverna, e pensou-se (erroneamente, conforme soube-se mais

[3] Percebe-se que, neste momento, o autor põe em dúvida a possibilidade de resgate, pairando no ar a possibilidade do fim da vida de todos. Trata-se de momento de grande reflexão, pois a morte torna-se um fato viável entre os espeleólogos (Nota do Apresentador).

tarde) que as baterias da máquina de comunicação dos exploradores haviam se esgotado.

Quando os homens aprisionados foram finalmente libertados, soube-se que, no vigésimo terceiro dia depois de sua entrada na caverna, Whetmore havia sido morto e consumido por seus companheiros.

Do testemunho dos réus, que foi aceito pelo júri, soube-se que foi Whetmore quem primeiro propôs que eles encontrassem alimento, sem o qual a sobrevivência seria impossível, na carne de um dos companheiros. Também foi Whetmore quem primeiro propôs o uso de algum método de sorteio, chamando a atenção dos réus para um par de dados que tinha levado consigo. Os réus relutaram em adotar um procedimento tão desesperado, mas depois das conversas por meio do aparelho sem fio acima mencionadas, eles finalmente concordaram com o plano proposto por Whetmore[4]. Após muita discussão sobre os problemas matemáticos envolvidos, chegou-se finalmente a um acordo sobre um método para resolver o problema por meio dos dados.

Contudo, antes que os dados fossem lançados, Whetmore declarou que ele desistia do acordo, pois

---

[4] A hermeticidade da caverna faz com que uma liderança se apresente para criar uma solução, pois a escassez de alimentos levaria todos à morte. Com o enfrentamento da morte, inicia-se um racionalismo sobre a utopia da vida (N. do A.).

decidira esperar mais uma semana antes de adotar um expediente tão terrível e odioso. Os outros o acusaram de quebrar o pacto e procederam com o lançamento dos dados. Quando chegou a vez de Whetmore, os dados foram lançados em seu lugar por um dos réus, e ele foi convidado a declarar quaisquer objeções que pudesse ter com relação ao lance dos dados. Whetmore afirmou que não tinha objeções. O resultado foi contra ele, morto e consumido a seguir pelos companheiros.

Após o resgate, os réus, depois de terem ficado internados em um hospital onde se submeteram a um tratamento para desnutrição e choque, foram indiciados pelo assassinato de Roger Whetmore. No julgamento, após as testemunhas terem sido ouvidas, o chefe do júri (um advogado de profissão) perguntou ao tribunal se o júri não poderia chegar a um veredicto especial, deixando para o juiz decidir se, baseado nos fatos encontrados, os réus eram culpados. Após uma discussão, tanto o representante do Ministério Público quanto o advogado de defesa afirmaram que aceitavam esse procedimento, que foi adotado pelo tribunal. Em um longo veredicto especial, o júri acolheu a prova dos fatos conforme relatei acima. E resolveram ainda que, se baseado nos fatos relatados, os réus fossem considerados culpados do crime do qual eram acusados, então deveriam ser condenados. Com base neste veredicto, o juiz de instrução julgou que os réus eram culpados de assassinar Roger Whetmore. O juiz condenou-os, então, a serem enforcados, conforme a lei da nossa Confederação, que não permite a ele nenhuma discrição com respeito à pena a ser imposta. Após a dissolução do júri, seus membros enviaram uma petição conjunta ao chefe do Poder Executivo pedindo que a sentença fosse comutada para prisão por seis meses. O juiz de primeira instância dirigiu uma petição semelhante ao chefe do Poder Executivo. Ainda não foi tomada nenhuma ação em relação a esses fundamentos, já que o chefe do Executivo está aguardando nossa disposição sobre tal recurso.

Parece-me que, ao lidar com este caso extraordinário, o júri e o juiz do julgamento seguiram um curso que não só era justo e sábio[5], mas o único que lhes era possível nos termos da lei. O texto da nossa lei é bem conhecido: "Quem quer que voluntariamente tire a vida de outro será punido com a morte". N. C. S. A. (N. S.) § 12-A: Esta lei não permite nenhuma exceção aplicável a este litígio. No entanto, nossas simpatias nos inclinam a levar em consideração a trágica situação em que esses homens se encontravam.

---

[5] Fuller traz um termo de suma importância: a questão da sabedoria no justo, ou seja, inicia um debate sobre a força da lei posta em contraposição ao efeito de fazer justiça (N. do A.).

Em uma ocorrência como esta, o princípio da clemência executiva parece muito adequado a fim de mitigar os rigores da lei. Proponho aos meus colegas que sigamos o exemplo do júri e do juiz de primeira instância e endossemos as petições que enviaram ao chefe do Poder Executivo. Há todas as razões para acreditar que tais requerimentos de clemência serão deferidos, uma vez que partem daqueles que estudaram a ocorrência e tiveram a oportunidade de se familiarizar, de forma minuciosa, com todos os seus aspectos. É altamente improvável que o chefe do Poder Executivo negue essas solicitações, a menos que ele mesmo realize audiências pelo menos tão extensas quanto as que foram realizadas em primeira instância, que duraram três meses. A realização de tais investigações (o que constituiria, virtualmente, um novo julgamento do caso) dificilmente seria compatível com a função do Poder Executivo, como é normalmente concebida. Penso que podemos, portanto, assumir que alguma forma de clemência será estendida a esses réus. Se isto for feito, a justiça será realizada sem ferir a letra ou o espírito da lei, e sem encorajar de qualquer modo sua transgressão.

Foster, J.

Surpreende-me o fato de o presidente do tribunal, em um esforço para escapar dos constrangimentos desta trágica ocorrência, ter adotado e proposto aos seus colegas um expediente ao mesmo tempo tão sórdido e tão simplista. Creio que algo mais está em julgamento neste caso do que o destino desses infelizes exploradores, ou seja, a lei da nossa Confederação. Se este tribunal declara que, de acordo com a nossa lei, esses homens cometeram um crime, então nossa lei será condenada no tribunal do bom senso[6], não obstante o

[6] Com efeito, há uma diferença teórica entre ética e moral. Embora etimologicamente tenham o mesmo significado ("moral" é a tradução latina do termo grego "ethos", ou "costume"), normalmente os filósofos consideram "moral" aquilo que se refere às normas e leis, enquanto "ética" é o embasamento teórico desta moral. Assim, pode haver conflito entre o que é "moral" e o que é "ético": por exemplo, a lei de certos países (moral) condena os culpados de determinados crimes à morte ou à mutilação. No entanto, tirar a vida de outro ser humano ou mutilar seu corpo é eticamente condenável. O juiz Foster está dizendo que, apesar de a lei (a moral) condenar os réus, em termos éticos, neste caso, isso poderia ser uma contradição, ou mesmo um erro. A despeito da distinção feita pelos filósofos, mantive a tradução do termo original "moral" sempre que usado pelo autor (N. do T.).

que aconteça aos indivíduos envolvidos neste recurso de apelação. Ao afirmarmos que a lei que defendemos e enunciamos nos compele a uma conclusão que nos envergonha, e da qual só podemos escapar apelando para uma exceção que depende do capricho do chefe do Poder Executivo, parece-me que admitimos que a lei desta Confederação não pretende realizar justiça.

Pessoalmente, não acredito que nossa lei conduza à monstruosa conclusão de que esses homens são assassinos. Creio, pelo contrário, que declara que são inocentes de terem cometido qualquer crime. Fundamento esta conclusão em duas premissas independentes, cada uma das quais basta por si só para justificar a absolvição dos réus.

A primeira dessas asserções baseia-se em uma premissa que pode suscitar oposição até que tenha sido examinada em profundidade. Considero que a lei promulgada ou positiva desta Confederação, o que inclui todos os seus estatutos e precedentes, é inaplicável a este caso e que o caso é governado, em vez disso, pelo que os escritores antigos na Europa e na América chamaram de "lei da natureza"[7].

Esta conclusão fundamenta-se na proposição de que nossa lei positiva se baseia na possibilidade da

[7] Direito natural, ou jusnaturalismo: teoria que busca fundamentar o direito no bom senso, na equidade e no pragmatismo, a fim de se agir de modo razoável e bom (N. do T.).

coexistência entre os homens na sociedade. Quando ocorre uma situação em que a coexistência se torna impossível, então a condição que respalda todos os nossos precedentes e disposições legais deixa de existir. Quando essa condição desaparece, em minha opinião, a força do direito positivo desaparece com ela. Não estamos habituados a aplicar a máxima *cessante ratione legis, cessat et ipsa lex*[8] ao conjunto das nossas leis em vigor, mas acredito que este seja uma ocorrência em que a máxima deve ser aplicada.

A proposição de que toda lei positiva se baseia na possibilidade da coexistência entre os homens soa de modo insólito[9], não porque a verdade que contém é estranha, mas simplesmente porque é uma verdade tão óbvia e ubíqua que raramente temos ocasião de colocá-la em palavras. Como o ar que respiramos, ele é parte tão integral de nossa vida que acabamos por nos esquecer de que existe, até que, de repente, somos, dele, privados. Quaisquer que sejam os objetivos buscados

---

[8] "Cessando a motivação da legislação, cessa a própria norma em questão": com esta máxima, o autor implica que, quando se encontra em um estado de natureza, a legislação passível de ser aplicável não é a de um estado de direito positivo, mas, sim, uma inerente e própria das circunstâncias em que o litígio ocorreu (N. do T.).

[9] A contraposição do positivismo em contraponto com a realidade traz a verdade Kelseniana à tona, sobre a norma pela norma, o ser e dever (N. do A.).

pelos vários ramos do nosso direito, é evidente a reflexão de que todos eles têm como meta facilitar e melhorar a coexistência entre os homens, e regular com justiça e equidade as relações de sua vida em comum. Quando a suposição de que os homens são capazes de coexistir deixa de ser verdadeira, como obviamente aconteceu nessa extraordinária situação em que a preservação da vida só se tornou possível pela privação da vida, então as premissas básicas subjacentes a toda nossa ordem jurídica perdem seu significado e sua força.

Se os trágicos acontecimentos deste caso tivessem ocorrido uma milha além dos limites territoriais da nossa Confederação, ninguém pretenderia considerar que nossa lei lhes fosse aplicada. Reconhecemos que a jurisdição tem base territorial. Os fundamentos deste princípio não são de modo algum evidentes e raramente são examinados. Considero que este princípio apoia-se na suposição de que é somente possível impor uma única ordem jurídica a um grupo de homens apenas se eles vivem juntos dentro dos limites de uma determinada área da superfície terrestre. A premissa de que os homens devem coexistir em grupo subjaz, desse modo, o princípio territorial, como faz toda a lei. Assim, afirmo que um caso pode ser moralmente removido da força de uma ordem legal, bem como geograficamente. Se atentarmos aos propósitos da lei e do governo e as premissas subjacentes à nossa lei positiva, veremos que esses homens, quando tomaram a decisão fatídica, estavam tão distantes da nossa ordem jurídica como se estivessem a mil milhas de nossas fronteiras. Mesmo em um sentido físico, sua prisão subterrânea foi separada de nossos tribunais e oficiais de justiça por uma sólida cortina de pedra que só foi removida após o mais extraordinário dispêndio de tempo e de esforço.

Concluo, portanto, que, no momento em que a vida de Roger Whetmore foi encerrada pelos réus, eles estavam, para usar a linguagem singular dos escritores do século XIX, não em um "estado da sociedade civil", mas em um "estado de natureza". Isso tem como consequência que a lei que lhes é aplicável não é aquela sancionada e estabelecida nesta Confederação, mas a lei derivada desses princípios, os quais adequavam-se à sua condição. Não hesito em dizer que, sob esses princípios, não são culpados de qualquer crime.

O que esses homens fizeram foi realizado em cumprimento a um acordo aceito por todos eles e proposto, em primeiro lugar, pelo próprio Whetmore. Como era evidente que sua extraordinária dificuldade tornava inaplicáveis os princípios habituais que regulam as relações dos homens entre si, foi necessário estabelecer, por assim dizer, uma nova constituição apropriada à situação em que se encontravam.

Desde tempos remotos, reconhece-se que o princípio mais básico do direito ou governo encontra-se na noção de contrato ou acordo. Pensadores antigos, especialmente durante o período de 1600 a 1900, costumavam estabelecer as bases do próprio governo em um pacto social. Os céticos notam que essa teoria contradiz os fatos históricos conhecidos e que não há evidência científica que sustente a noção de que qualquer governo já tenha sido estabelecido da maneira proposta pela tese. Os moralistas responderam que, mesmo se, do ponto de vista histórico, o pacto fosse uma ficção, a noção de contrato ou de acordo fornece a única justificativa ética sobre a qual os poderes do governo, que incluem o de tirar a vida, poderiam ser fundamentados. Os poderes do governo só podem ser moralmente justificados com base no fato de que são poderes que os homens razoáveis concordariam e aceitariam se fossem confrontados com a necessidade de construir uma nova ordem capaz de tornar possível a vida em comum.

Felizmente, a nossa Confederação não é perturbada pelas perplexidades que afligiam os antigos. Sabemos, como uma questão de verdade histórica, que nosso governo foi fundado com base em um contrato de livre acordo. A prova arqueológica é conclusiva no sentido de que, no primeiro período que se seguiu à Grande Espiral, os sobreviventes desse holocausto voluntariamente se uniram e elaboraram uma constituição. Os escritores sofísticos questionam o poder desses primeiros contratantes de obrigar as futuras gerações a seguir este documento, mas o fato é que nosso governo remonta, de forma ininterrupta, a essa carta original.

Se, por conseguinte, nossos carrascos têm o poder de pôr termo à vida dos homens, se nossos oficiais de justiça têm o poder de despejar inquilinos devedores, se nossa polícia tem o poder de encarcerar o galhofeiro embriagado, tais poderes encontram a sua justificativa moral naquele contrato original celebrado pelos nossos antepassados[10]. Se não conseguimos recorrer a uma fonte mais elevada para basear nossa ordem jurídica, qual fonte superior deveríamos esperar que esses infelizes famintos encontrassem para sustentar a ordem que adotaram?

Creio que a linha de argumento que acabei de expor não permite nenhuma contestação racional. Percebo que, provavelmente, será recebida com certa inquietação por muitos que vierem a lê-la, os quais inclinar-se-ão a suspeitar que algum sofisma velado deve subjazer uma demonstração que leva a tantas

---

[10] A ilação sobre o poder ilimitado dos juízes é alvo de críticas do autor. Eles anunciam os plenos poderes para realizar o ato de retirar a vida, mas debatem se, naquele momento, não seria possível retirar esse dom. Nos dias atuais, vemos os mesmos poderes de juízes no momento do julgamento que, ora permeiam de justiça, ora se afastam totalmente do esperado para aquele ato (N. do A.).

conclusões incomuns. A fonte dessa inquietação é, porém, fácil de identificar. As condições usuais da existência do Homem inclinam-nos a pensar a vida humana como um valor absoluto, que não pode ser sacrificado em nenhuma circunstância. Há muito de fictício nessa concepção, mesmo quando aplicada às relações sociais comuns. Temos um exemplo desta verdade no caso diante de nós. Dez trabalhadores morreram no processo de remoção das rochas da abertura da caverna. Os engenheiros e os funcionários públicos que dirigiram o esforço de resgate não sabiam que as operações que estavam realizando eram perigosas e que envolviam um sério risco para a vida dos trabalhadores que as executavam? Se é justo que essas dez vidas tenham sido sacrificadas para salvar cinco exploradores aprisionados, por que, então, entenderíamos ser injusto que esses exploradores realizassem um acordo para salvar quatro vidas ao preço de uma[11]?

Cada rodovia, cada túnel ou edifício que projetamos envolve risco para a vida humana. Ao considerarmos

[11] Foster refere-se à Ética Utilitarista, proposta por Jeremy Benthan (1748-1832) e seu discípulo John Stuart Mill (1806-1873). A Ética Utilitarista busca promover o bem do maior número possível de pessoas, mesmo que em detrimento de um número menor de indivíduos. O pensamento utilitarista é uma das bases do Liberalismo. No parágrafo seguinte, Foster sedimenta a tese utilitarista com o exemplo que desenvolve (N. do T.).

o montante total de tais empreendimentos, podemos calcular com certa precisão o número de mortes que sua construção exigirá. As estatísticas nos mostram o custo médio em termos de vidas humanas para se construir uma rodovia de concreto de quatro pistas com mil milhas de extensão. No entanto, nós, deliberada e conscientemente, assumimos e pagamos esse custo, partindo do pressuposto de que as vantagens obtidas pelos sobreviventes superam as perdas. Se tais coisas são aceitas em uma sociedade que se desenvolve na superfície de maneira normal e comum, o que devemos dizer do suposto valor absoluto da vida humana na situação desesperada em que esses réus e seu companheiro Whetmore se encontravam?

Com isso concluo a exposição do primeiro fundamento do meu voto. O meu segundo fundamento, porém, rejeita hipoteticamente todas as premissas nas quais me baseei. Admito, a fim de argumentar, que estou errado ao afirmar que a situação desses homens os liberou da incidência de nosso direito positivo e suponho que nossas Leis Consolidadas tenham o poder de penetrar 500 pés através da pedra e de se impor a esses homens famintos, amontoados em sua prisão subterrânea.

Não há dúvidas de que esses homens realizaram um ato que viola a expressão literal da lei, que declara que aquele que "voluntariamente tirar a vida de outro" é um homicida. Mas um dos mais antigos cânones da sabedoria jurídica é a afirmação de que pode-se violar a letra da lei sem se violar a própria lei. Toda proposição do direito positivo, esteja contida em uma lei ou em um precedente, deve ser interpretada de forma racional, à luz do seu propósito evidente. Esta é uma verdade tão elementar que não é necessário que me prolongue. Os exemplos de sua aplicação são inúmeros e encontrados em todos os ramos do direito. No caso *Confederação v. Staymore*, o réu foi condenado pela lei que determina ser proibido estacionar o automóvel em certas áreas por um período superior a duas horas. O réu tentou remover seu veículo, mas foi impedido de fazê-lo porque as ruas estavam obstruídas por uma manifestação política da qual ele não tomara parte, nem pudera prever. Sua condenação foi anulada por este tribunal, embora o litígio se enquadrasse perfeitamente no enunciado da lei. Do mesmo modo, no caso *Fehler v. Neegas*, foi apresentado um dispositivo legal a este tribunal em que a palavra "não" havia sido transposta de sua posição, na seção final e mais crucial do ato. Esta transposição estava presente em todas as sucessivas redações de tal dispositivo legal, não tendo, aparentemente, sido notada pelos autores do parecer e mantenedores da legislação. Apesar de ninguém ter sido capaz de explicar como o erro surgira, era evidente que, tendo em conta as disposições da lei em seu conjunto, um erro havia sido cometido, uma vez que a leitura literal da cláusula final tornava inconsistente toda a redação que a precedia e com o objetivo do texto, conforme indicado no preâmbulo. Este tribunal recusou-se a aceitar uma interpretação literal da lei e, de fato, retificou-a, posicionando a palavra "não" no local onde evidentemente deveria estar.

O dispositivo legal que devemos interpretar nunca foi aplicado literalmente. Há séculos, foi estabelecido que matar em defesa própria é perdoável. Não há nada na letra da lei que sugira esta exceção. Várias tentativas foram realizadas buscando conciliar a tese de legítima defesa com o que a lei estipula, contudo, na minha opinião, não passam de sofismas engenhosos. A verdade é que a exceção a favor da legítima defesa não pode ser conciliada com as palavras da lei, mas apenas com seu propósito.

A verdadeira reconciliação da tese de legítima defesa com a lei, que reza ser crime matar outro, encontra-se na linha de raciocínio a seguir. Um dos principais propósitos implícitos a qualquer legislação penal é o de dissuadir os homens a cometerem crimes. Desse modo, é evidente que, se a lei declarasse que matar em legítima defesa é crime, tal regra não poderia funcionar de forma dissuasiva. Um homem cuja vida é ameaçada irá repelir o agressor, qualquer que seja a lei. Observando, portanto, os propósitos maiores da legislação penal, podemos declarar com segurança que esta lei não se destina a ser aplicada em ocorrências de legítima defesa.

Quando a justificativa da tese de legítima defesa é assim explicada, torna-se evidente que precisamente o mesmo raciocínio é aplicável ao litígio em discussão. Se, no futuro, algum grupo de homens se encontrar na situação trágica desses réus, podemos ter certeza de que sua decisão de viver ou morrer não será controlada pelas normas do nosso Código Penal. Por conseguinte, se lermos este estatuto de forma racional, é evidente que ele não se aplica a este caso. A exclusão desta situação do efeito da lei justifica-se precisamente pelas mesmas considerações que foram apresentadas pelos nossos predecessores há séculos, no caso da legítima defesa.

Há os que protestam, alegando usurpação judicial, sempre que um tribunal, depois de analisar o propósito de um dispositivo legal, dá às suas palavras um significado que não é de todo aparente para o leitor casual que não estudou o estatuto em profundidade, ou que examinou os objetivos que a lei procura atingir. Permitam-me afirmar de maneira enfática que aceito sem reservas a proposição de que este tribunal está vinculado pelas leis da nossa Confederação e que exerce seus poderes em subserviência à vontade devidamente expressa da Câmara dos Representantes. A linha de raciocínio que apliquei acima não suscita nenhuma questão de fidelidade ao direito promulgado, embora possa levantar a questão de distinção entre fidelidade inteligente e fidelidade ininteligente. Nenhum superior quer um funcionário que não tem a capacidade de ler nas entrelinhas. A empregada doméstica mais estúpida sabe disso; quando lhe dizem para "descascar a sopa e escumar as batatas", ela sabe que sua patroa não quis dizer exatamente isto. Ela também sabe que quando seu patrão lhe diz "largue tudo e venha correndo", ele não considera a possibilidade de que a empregada esteja naquele momento salvando o bebê que caiu no barril destinado a recolher a água de chuva. Certamente, temos o direito de esperar o mesmo mínimo de inteligência do judiciário. A correção de erros ou equívocos legislativos óbvios não tem como objetivo suplantar a vontade legislativa, mas, sim, torná-la efetiva.

Concluo, portanto, que, em qualquer aspecto sob o qual esse caso possa ser considerado, estes réus são inocentes do crime de homicídio contra Roger Whetmore e que a sentença seja reformulada.

Tatting, J.

Na execução de minhas funções como juiz deste tribunal, sou, em geral, capaz de dissociar os aspectos emocional e intelectual de minhas reações e de decidir o caso *sub judice* inteiramente com base na razão[12]. Contudo, ao estudar esta trágica ocorrência, sinto que estes recursos habituais me falham. No lado emocional, encontro-me dividido entre a simpatia por estes homens e um sentimento de aborrecimento e aversão pelo ato monstruoso que cometeram. Acreditei poder colocar essas emoções contraditórias de lado e tratá-las como irrelevantes, decidindo o litígio com base em uma demonstração convincente e lógica do resultado

[12] O magistrado Tatting apresenta sua linha de pensamento, ou seja, a razão imperará sobre a emoção. Partindo de que o direito é uma ciência humana e não exata, o autor apresenta uma linha de pensamento quase que cartesiana do direito, renova o *dura lex sed lex* e afasta a sensibilidade no momento do ato de julgar (N. do A.).

exigido pela nossa lei. Infelizmente, não alcancei esse intuito. Ao analisar o voto que meu colega Foster acaba de enunciar, considero que ele incorre em contradições e falácias. Comecemos com sua primeira proposição: esses homens não estavam sujeitos à nossa lei porque não estavam em um "estado de sociedade civil", mas em um "estado de natureza". Não está claro por que deva ser assim, seja por causa da espessura da rocha que os aprisionou, ou porque estavam padecendo fome, ou porque criaram uma "nova carta de governo" pela qual as regras usuais do direito podiam ser suplantadas por um lance de dados. Outras dificuldades se apresentaram. Se esses homens passaram da jurisdição de nossa lei para a "lei da natureza", em que momento isso ocorreu? Foi quando a entrada da caverna foi bloqueada, ou foi quando a ameaça de fome atingiu um certo grau indefinido de intensidade, ou ainda quando celebraram o acordo de que o lance de dados decidiria sua sorte?

Tais incertezas na doutrina proposta pelo meu colega trazem dificuldades reais. Suponhamos, por exemplo, que um desses homens completou seu vigésimo primeiro aniversário enquanto estava aprisionado na montanha. Em que data devemos considerar que alcançou sua maioridade: quando atingiu a idade de vinte e um anos, no momento em que, por hipótese, estava liberado dos efeitos da nossa lei, ou apenas quando foi libertado da caverna e tornou-se novamente sujeito ao que o meu colega chama de "lei positiva"? Essas dificuldades podem parecer fantasiosas, mas só servem para revelar a natureza falaciosa da doutrina que é capaz de originá-las.

Mas não é necessário aprofundarmo-nos em tais sutilezas para demonstrar o absurdo da posição do meu colega. O senhor Foster e eu somos os juízes designados do Tribunal da Confederação de Newgarth, juramentados e com poderes para administrar as leis da Confederação. Por qual autoridade nos tornamos um tribunal da natureza? Se esses homens estavam de fato sob a lei natural, de onde vem nossa autoridade para estabelecer e aplicar essa lei? Certamente, não estamos em um estado de natureza.

Vejamos o conteúdo deste código da natureza que meu colega propõe que adotemos e apliquemos neste caso. Que código tão complicado e odioso! É um código em que as normas reguladoras dos contratos são mais importantes do que a lei que rege o homicídio. É um código sob o qual um homem pode fazer um acordo válido que confere a seus companheiros o poder de consumir seu corpo. De acordo com as disposições deste código, além disso, tal acordo, uma vez feito, é irrevogável, e se uma das partes tentar retirar-se, os outros podem tomar a lei em suas próprias mãos e fazer cumprir o contrato por violência — pois, embora meu colega faça um silêncio conveniente sobre o efeito da saída de Whetmore do acordo, esta é a implicação necessária de seu argumento.

Os princípios que meu colega expõe contêm outras implicações que não podem ser toleradas. Ele argumenta que quando os réus atacaram Whetmore e o mataram (não sabemos como, talvez golpeando-o com pedras), eles estavam apenas exercendo os direitos a eles conferidos por seu acordo. Suponhamos, no entanto, que Whetmore trouxesse um revólver escondido e que, quando viu os réus prestes a matá-lo, eliminou-os para salvar sua própria vida. O raciocínio de meu colega aplicado a esses fatos faria com que Whetmore fosse um assassino, uma vez que a excludente da legítima defesa lhe seria negada. Se seus atacantes estivessem agindo com legitimidade ao buscar provocar sua morte, então, certamente, ele não poderia mais reivindicar a legítima defesa da própria vida, tanto quanto um prisioneiro condenado que ataca o executor público que, licitamente, tenta colocar a corda ao redor do seu pescoço.

Todas essas considerações impossibilitam-me aceitar a primeira parte do argumento de meu colega. Não posso compartilhar sua noção de que esses homens estavam sob uma lei natural, lei esta que este tribunal deveria lhes aplicar, nem posso aceitar as regras odiosas e pervertidas que esse código pudesse conter. Chego agora à segunda parte das considerações de meu colega, na qual ele procura demostrar que os réus não violaram as disposições legais da N. C. S. A. (N. S.) § 12-A. Aqui, o caminho, em vez de claro, torna-se, a meu ver, nebuloso e ambíguo, embora meu colega aparente desconhecer as dificuldades inerentes às suas demonstrações.

A essência de seu argumento pode ser colocada da seguinte forma: nenhuma lei, quaisquer que sejam seus termos, deve ser aplicada de forma a contradizer seu propósito. Um dos objetivos de qualquer código criminal é a prevenção. A aplicação da lei que determina ser crime assassinar outro aos fatos peculiares deste caso contradiz este propósito, pois é impossível acreditar que o conteúdo do código criminal poderia dissuadir homens confrontados com a alternativa de viver ou morrer. O raciocínio pelo qual esta exceção é encontrada na lei é, observa meu colega, o mesmo que admite a excludente de legítima defesa.

À primeira vista, esta demonstração parece deveras convincente. A interpretação do meu colega sobre a justificativa da excludente de legítima defesa é de fato apoiada por uma decisão deste tribunal, *Confederação v. Parry*, um precedente que encontrei em minha pesquisa sobre este litígio. Embora o caso *Confederação v. Parry* pareça ter sido omitido nos textos e decisões subsequentes, ele está inequivocamente de acordo com a interpretação que meu colega atribuiu à excludente de legítima defesa.

Ora, permitam-me, porém, esboçar brevemente as perplexidades que me ocorrem quando examino a demonstração do meu colega em maior profundidade. É verdade que uma lei deve ser aplicada à luz de seu propósito, e que um dos propósitos da legislação penal é reconhecidamente a prevenção. A dificuldade é que outras determinações também são imputadas à lei penal. Conforme foi dito, um dos seus objetivos é fornecer um escape ordenado à instintiva demanda humana de retribuição. Em *Confederação v. Scape* também foi afirmado que seu propósito é a reabilitação do delinquente. *Confederação v. Makeover*. Outras teorias têm sido propostas.

Uma dificuldade semelhante se dá pelo fato de que, embora haja jurisprudência que corrobore a interpretação do meu colega à excludente de legítima defesa, há outro critério jurisprudencial que confere a essa excludente uma lógica diferente. Na verdade, até eu tomar conhecimento do caso *Confederação v. Parry*, nunca tinha ouvido falar da explanação dada pelo meu colega. A doutrina ensinada em nossas escolas de direito, memorizadas por gerações de estudantes, estabelece o seguinte: a lei relativa ao homicídio requer que se trate de ato "intencional". O homem que age para rechaçar uma ameaça agressiva à sua vida não age "intencionalmente", mas em resposta a um impulso profundamente enraizado na natureza humana. Suspeito que dificilmente exista um advogado nesta Confederação que não esteja familiarizado com essa linha de raciocínio, especialmente porque este é um dos pontos preferidos explorados nos exames pelos professores de direito.

Ora, a explicação familiar exposta para a excludente de legítima defesa, com efeito, não pode ser aplicada por analogia aos fatos deste litígio. Esses homens agiram não apenas "intencionalmente", mas com grande deliberação e após horas de discussão sobre o que deveriam fazer. Mais uma vez, encontramo-nos diante de uma encruzilhada entre uma linha de raciocínio que nos conduz em uma direção, e outra, que nos leva a um sentido totalmente oposto. Essa perplexidade é, neste caso, composta, por assim dizer, por uma explicação incorporada em um precedente praticamente desconhecido deste tribunal, contra outra explanação, sendo esta parte da tradição jurídica ensinada de nossas escolas de direito, mas que, até onde eu sei, nunca foi adotada em decisão judicial alguma.

Reconheço a relevância dos precedentes citados por meu colega sobre o "não" colocado fora de lugar e sobre o réu que extrapolou as horas permitidas de estacionamento de seu automóvel. Mas o que devemos fazer com um dos marcos da nossa jurisprudência, sobre o qual, de modo notável, meu colega se abstém de pronunciar-se a respeito? Isto é visto em *Confederação v. Valjean*. Embora o caso seja relatado de modo um tanto obscuro, parece que o réu foi indiciado pelo furto de um pedaço de pão e estabeleceu sua defesa com base na afirmação de que estava padecendo fome. O tribunal não aceitou essa alegação. Uma vez mais, se analisarmos o litígio pelo viés da prevenção, é possível que um homem deixe-se morrer de fome para evitar uma sentença de prisão por furto de um pedaço de pão? As argumentações de meu colega nos obrigariam a anular *Confederação v. Valjean* e muitos outros precedentes que constituíram o caso.

Uma vez mais, tenho dificuldade em dizer que nenhum efeito preventivo, qualquer que seja, poderia ser imputado a uma decisão de que esses homens são culpados de homicídio. O estigma da palavra "assassino" é tal que, muito provavelmente, creio eu, se esses homens tivessem sabido que seu ato seria considerado pela lei como homicídio, eles teriam esperado por alguns dias, pelo menos, antes de posto seu plano em prática. Nesse ínterim, algum socorro inesperado poderia tê-los salvo.

Percebo que essa observação apenas reduz a distinção a uma questão de grau e não a elimina completamente. Certamente é verdade que o elemento de dissuasão teria uma ascendência menor neste caso do que normalmente tem na aplicação do direito penal.

Há ainda uma dificuldade adicional na proposta do meu colega Foster de entender que existe uma exceção na lei que favorece este litígio, embora seja, novamente, uma dificuldade sequer assinalada em sua opinião. Qual deve ser o escopo desta exceção? Aqui, os homens lançaram dados, e a vítima concordava, em um primeiro momento, com o acordo. Qual seria nossa decisão, se soubéssemos que Whetmore se recusou, desde o início, a participar do plano? Seria outorgado à maioria o poder de suplantar sua vontade? Ou vamos supor que nenhum plano tivesse sido adotado e que os réus simplesmente conspiraram para assassinar Whetmore, justificando seu ato com a afirmação de que ele era o mais debilitado do grupo. Ou, então, que se adotou um plano de seleção da vítima baseado na justificativa de que, como os outros fossem ateus, Whetmore deveria morrer porque era o único que acreditava em uma vida após a morte. Esses exemplos poderiam ser multiplicados, mas os que sugerimos bastam para demonstrar que as dificuldades ocultas no raciocínio de meu colega criam um atoleiro intransponível.

Certamente percebo, ao refletir, que estou preocupando-me com um problema que nunca voltará a surgir, uma vez que é improvável que outro grupo de homens seja de novo levado a cometer o ato de terror aqui consumado. No entanto, em uma reflexão ainda mais aprofundada, mesmo que tenhamos certeza de que nenhuma ocorrência semelhante surgirá outra vez, os exemplos que citei não demostram a falta de qualquer princípio coerente e racional na interpretação que meu colega propõe? A solidez de um princípio não deve ser demonstrada pelas conclusões que implica, sem referência aos acidentes ou à história litigiosa posterior? Mesmo assim, se tal for verdadeiro, por que é que nós, membros deste tribunal, discutimos amiúde se é provável que tenhamos que aplicar no futuro o princípio que a solução do presente caso reclama?

Quanto mais examino e reflito sobre este litígio, mais profundamente me envolvo. Minha mente se emaranha nas malhas da rede que lanço em meu próprio resgate. Acredito que quase todas as considerações sobre a decisão deste caso são contrabalançadas por outras que nos conduzem na direção oposta. Meu colega Foster não me forneceu, nem sou capaz de encontrar por mim mesmo, qualquer fórmula capaz de resolver os equívocos que me assaltam de todos os flancos.

Tratei deste caso da melhor forma que pude. Mal pude dormir desde que passamos a debatê-lo. Quando me sinto inclinado a aceitar a visão de meu colega Foster, sou afastado pelo sentimento de que seus argumentos são intelectualmente infundados e se aproximam de mera racionalização. Por outro lado, quando me inclino a defender a condenação, espanta--me o absurdo de enviar os réus para a forca, sendo que suas vidas foram salvas à custa da existência de dez trabalhadores heroicos. Lamento que o procurador público tenha considerado adequado acusá-los de homicídio. Se tivéssemos uma provisão em nossas leis que determinasse ser crime consumir carne humana, teria sido uma acusação mais apropriada. Se nenhuma outra acusação adequada aos fatos deste caso pudesse ser imputada contra os réus, teria sido mais sábio, creio, não os ter indiciado. Infelizmente, porém, os réus foram indiciados e julgados, envolvendo, portanto, a nós juízes nesse infeliz litígio.

Como não há capacidade de resolver as dúvidas que me assediam sobre a aplicação da lei neste caso, lamento sobremaneira anunciar uma medida que, em minha opinião, não tem precedentes na história deste tribunal: declaro retirar minha participação da decisão deste caso.

Keen, J.

Gostaria de começar por colocar de lado duas questões que não cabem a este tribunal.

A primeira é se a clemência executiva pode ser estendida a esses réus, caso a condenação seja confirmada. Em nosso sistema de governo, tal questão deve ser respondida pelo Poder Executivo, não por nós. Por conseguinte, desaprovo a passagem na opinião do juiz principal na qual, com efeito, ele passa instruções ao Poder Executivo sobre o que deve ser feito neste litígio e sugere que poderia advir alguma improbidade, caso tais instruções não sejam atendidas. Este é o mistifório das funções governamentais — um caos do qual o Poder Judiciário deve ser isentado de culpa. Gostaria de afirmar que, se eu fosse o chefe do Poder Executivo, avançaria mais na direção da clemência do que as reivindicações a ele endereçadas suplicam. Gostaria de perdoar todos esses homens, já que acredito que sofreram o bastante para pagar qualquer delito que possam ter cometido. Quero deixar claro que esta observação é feita em minha capacidade de cidadão particular que, em virtude de seu ofício, adquiriu um íntimo conhecimento dos fatos deste caso. Na execução de minhas funções como juiz, não é minha obrigação questionar as orientações do chefe do Poder Executivo, nem levar em consideração o que ele pode ou não fazer, para chegar à minha própria conclusão, a qual deve ser totalmente fundamentada na lei desta Confederação.

A segunda questão que desejo deixar de lado é a de decidir se o que esses homens fizeram foi "correto" ou "errado", "mau" ou "bom"[13]. Trata-se, também, de uma inquirição irrelevante para a realização do meu ofício de juiz que jurou aplicar, não as minhas concepções de moralidade, mas a lei da terra. Ao colocar esta questão de lado, creio poder, de igual maneira, excluir com segurança, sem comentar, a primeira e mais poética parte do voto de meu colega Foster. O elemento de fantasia contida nos argumentos por ele desenvolvidos já foi suficientemente revelado na tentativa um tanto solene de meu colega Tatting de levar tais argumentos a sério.

[13] Percebe-se que a bipolarização presente na humanidade se apresenta no momento da decisão. Dividir todos os aspectos do momento polêmico que os exploradores passaram na caverna entre um simples "bom" ou "mau" é enaltecer a insensibilidade e a multilateralidade do fato (N. do A.).

A única questão que nos é dada a deliberar é se esses réus, no sentido da lei N. C. S. A. (N. S.) § 12-A, tiraram voluntariamente a vida de Roger Whetmore. O texto exato da lei reza o seguinte: "Quem tirar voluntariamente a vida de outrem será punido com a morte". Ora, eu deveria supor que qualquer observador sincero, contentando-se em extrair dessas palavras seu significado natural, admitiria imediatamente que esses réus "tiraram voluntariamente a vida" de Roger Whetmore.

De onde, então, surgem todas as dificuldades deste caso e a necessidade de tantas páginas de discussão sobre algo que deveria ser tão óbvio? As dificuldades, mesmo da forma angustiada com que aqui se apresentam, voltam-se a uma única fonte, a qual é a incapacidade de se distinguir entre os aspectos legais e morais[14] deste caso. Colocando sem rodeios, meus colegas sentem-se desconfortáveis com o fato de que a lei escrita demanda a condenação dos réus. Inclusive eu. Contudo, ao contrário de meus colegas, respeito as obrigações de um ofício que exige que eu coloque de lado minhas convicções pessoais ao interpretar e aplicar a lei desta Confederação.

Ora, certamente, meu colega Foster não admite que está sugestionado por uma aversão pessoal à lei escrita.

[14] Veja nota 3.

Em lugar disso, ele desenvolve uma linha de argumentação segundo a qual o tribunal pode desconsiderar o enunciado expresso de uma lei quando algo não contido nessa lei, denominado de "propósito", pode ser empregado para justificar o resultado que o tribunal considera adequado. Como esta é uma questão antiga entre meu colega e eu, gostaria, antes de discutir a aplicação particular do argumento aos fatos deste caso, comentar os antecedentes históricos deste problema e suas implicações para o direito e o governo de modo geral.

Houve um tempo nesta Confederação em que os juízes, com efeito, legislavam de modo demasiadamente livre, e todos nós sabemos que durante esse período algumas das nossas leis foram minuciosamente reformuladas pelo Judiciário. Foi uma época em que os princípios aceitos da ciência política não se imiscuíam na hierarquia e na função dos vários poderes do Estado. Todos conhecemos o trágico problema dessa incerteza por conta da breve guerra civil resultante do conflito entre o Poder Judiciário, de um lado, e o Executivo e o Legislativo, de outro. Não há necessidade de aqui rememorar os fatores que contribuíram para a eclosão dessa infame luta pelo poder, embora fossem também motivados pelo caráter não representativo da Câmara, resultante de uma divisão da Confederação em zonas eleitorais que já não estavam de acordo com a distribuição real da população, bem como da personalidade contundente e do amplo apoio popular amealhado pelo então chefe do Poder Executivo. Basta observar que esses dias ficaram para trás e que, em lugar da incerteza que antes reinava, agora temos um princípio claro, que é a supremacia do Poder Legislativo do nosso governo. Desse princípio, depreende-se que a obrigação do Poder Judiciário é a de fazer cumprir fielmente a lei escrita e de interpretar tal lei de acordo com seu significado mais simples, sem referência aos nossos desejos pessoais ou nossas concepções individuais de justiça[15]. Não me preocupa a questão de saber se o princípio que proíbe a revisão judicial é correto ou errado, desejável ou indesejável; observo simplesmente que este princípio tornou-se

[15] Com o "propósito de colocar em foco certas filosofias divergentes do direito e do governo", neste trecho, Fuller nos faz pensar nos Imperativos Categóricos da ética kantiana. Na obra *Crítica da razão prática*, na qual desenvolve seus conceitos éticos, Immanuel Kant (1724-1804) define imperativo categórico como "um imperativo que, sem se basear como condição em qualquer outra intenção a dirigir por um certo comportamento, ordena imediatamente este comportamento"; o imperativo categórico não contém, "além da lei, senão a necessidade da máxima que manda conformar-se com esta lei, e não contendo uma lei nenhuma condição que a limite, nada mais resta senão a universalidade de uma lei em geral à qual a máxima da ação deve ser conforme, conformidade esta que só o imperativo nos representa propriamente como necessário" (KANT, *apud* DONZELLI, 2016, pp.164-165). Desse modo, a ética de Kant é "deontológica", isto é, defende que o valor moral de uma ação reside na própria ação e não em suas consequências (N. do T.).

uma premissa tácita subjacente a toda a ordem legal e governamental que jurei aplicar.

Não obstante o princípio da supremacia da legislatura ter sido aceito em tese por séculos, a tenacidade da tradição profissional e a força de hábitos de pensamento fixos são tais, que muitos dos magistrados ainda não se adaptaram ao papel restrito que a nova ordem lhes impõe. Meu colega Foster pertence a tal grupo. Sua forma de tratar a lei é exatamente aquela de um juiz que viveu no século XL d.C.

Estamos todos familiarizados com o processo pelo qual reforma-se os dispositivos legais desfavorecidos pelos juízes. Qualquer um que tenha concordado com as argumentações produzidas pelo colega Foster terá a oportunidade de vê-las atuando em todos os ramos da lei. Tenho tanta familiaridade com o processo que, caso meu colega tivesse se julgado incapaz, eu poderia redigir um voto satisfatório em seu lugar, sem qualquer sugestão de sua parte além da informação de que concordava ou não com o efeito da lei a ser aplicada ao caso ora analisado.

O processo de revisão judicial exige três etapas. A primeira é encontrar o único "propósito" ao qual a lei serve. Isto é feito, embora nenhuma lei tenha um único propósito — e apesar de que os propósitos de quase todas as leis sejam interpretados de maneira diversa pelos diferentes grupos que as promovem. A segunda etapa é descobrir que um ser mítico chamado "legislador", na busca desse "propósito" imaginado, negligenciou algo, deixou alguma lacuna, ou cometeu qualquer imperfeição em seu trabalho. Em seguida, vem a parte final e mais estimulante da tarefa, que é, naturalmente, preencher o hiato assim criado. *Quod erat faciendum*[16].

A inclinação de meu colega Foster para encontrar brechas na lei lembra uma história contada por um antigo autor, sobre o homem que comeu um par de sapatos. Ao ser indagado se havia gostado, respondeu que sua parte preferida tinha sido os buracos. É assim que o meu colega se sente com relação às leis: quanto mais buracos (brechas), mais as aprecia. Em suma, não lhe agradam as leis.

Não se poderia desejar um caso melhor para ilustrar a natureza especiosa desse processo de preenchimento de lacunas do que este que julgamos. Meu colega pensa saber exatamente o que buscou ao determinar-se que o homicídio é crime, e isto é algo que ele denomina "prevenção". Meu colega Tatting já demostrou o quanto foi omitido nessa interpretação. Contudo, creio que o problema é mais profundo. Duvido muito que a lei que qualifica homicídio como um crime realmente tenha um "propósito" em qualquer sentido deste termo.

[16] "Como se queria demonstrar" (N. do T.).

Essencialmente, tal lei reflete uma convicção humana profundamente enraizada, qual seja: a de que o homicídio é errado e que algo deve ser feito ao homem que o comete. Se fôssemos forçados a ser mais claros sobre o problema, provavelmente nos refugiaríamos nas teorias mais sofisticadas dos criminologistas, o que, decerto, não estava na mente daqueles que criaram nossas leis. Podemos também observar que os homens trabalham de forma mais eficaz e vivem vidas mais felizes quando estão protegidos contra a ameaça de ataque violento. Tendo em mente que as vítimas de assassinatos são quase sempre pessoas repulsivas, podemos inferir que a questão da eliminação de indesejáveis não é uma função adequada à empresa privada, mas deve ser monopólio do Estado. Isto me recorda o advogado que, certa vez, defendeu diante deste tribunal que uma lei sobre o exercício da medicina seria positiva, pois essa medida provocaria uma queda nos prêmios dos seguros de vida, elevando o nível de saúde de modo geral. Há aqueles que desejam explicar o óbvio.

Se não conhecemos o propósito do § 12-A, como podemos dizer que há uma "lacuna" nele? Como podemos saber o que os relatores pensavam sobre a questão de matar homens para comê-los? Meu colega Tatting demonstrou uma repulsa compreensível, embora talvez um pouco exagerada, com relação ao canibalismo.

Será que seus antepassados remotos não sentiram a mesma revolta em um grau ainda maior? Os antropólogos afirmam que o temor de um ato proibido pode ser aumentado pelo fato de que as condições de vida de uma tribo criam tentações especiais para tal ato, como é o caso do incesto, severamente condenado entre aqueles cujas relações na Confederação aumentam sua probabilidade. Certamente, o período que se seguiu à Grande Espiral levou a tais tentações de antropofagia. Talvez fosse por essa mesma razão que nossos antepassados expressaram sua proibição de forma tão abrangente e absoluta. Tudo isso trata-se, certamente, de uma conjectura, porém, está bastante claro que nem eu, tampouco meu colega Foster, sabemos qual é o "propósito" do § 12-A.

Considerações semelhantes às que acabei de descrever são também aplicáveis à exclusão de legítima defesa, que desempenha um papel tão importante no raciocínio dos colegas Foster e Tatting. É certamente verdade que em *Commonwealth v. Parry*, a exceção foi justificada por um *obiter dictum*[17] sob o pressuposto de que a finalidade da legislação penal é a prevenção. Pode também ser verdade que gerações de estudantes de direito aprenderam que a verdadeira explicação da exclusão reside no fato de

[17] Argumentos expedidos para completar o raciocínio, mas que não desempenham papel fundamental na formação do julgado; argumentos acessórios que acompanham o principal (N. do T.).

que um homem que age em legítima defesa não o faz "voluntariamente", e que os mesmos alunos passaram em seus exames ao repetir o que seus professores lhes ensinaram. Essas últimas observações poderiam ser omitidas, sem dúvida, por serem consideradas irrelevantes pelo simples motivo de que os professores e os examinadores não foram designados para elaborar nossas leis. No entanto, uma vez mais, o verdadeiro problema jaz em maior profundidade. Tanto no que se refere à lei, como no que diz respeito à exclusão, a questão não é o suposto propósito da lei, mas seu alcance[18]. Ora, o escopo da exclusão de legítima defesa, como foi aplicado por este tribunal, é claro: aplica-se a casos de resistência a uma ameaça agressiva à vida do sujeito. Por conseguinte, é demasiado claro que este caso não se enquadra no âmbito da exceção, uma vez que é evidente que Whetmore não ameaçou a vida desses réus.

A fragilidade da tentativa de meu colega Foster ao apresentar sua reformulação da lei escrita com ar de legitimidade vem tragicamente à superfície na reflexão do meu colega Tatting. Nessa opinião, o juiz Tatting luta virilmente para associar os vagos moralismos do colega com sua fidelidade à lei escrita. O problema

[18] Sobre o alcance da lei ou o seu propósito, vejam que o debate não se limita ao que a lei oferta em seu escopo, mas em como ela pode alcançar a justiça e fazer o justo (N. do A.).

deste esforço só poderia ser aquilo que ocorreu, uma completa negligência na execução da função judicial. O juiz não pode simplesmente aplicar uma lei conforme está redigida e, ao mesmo tempo, reinterpretá-la para satisfazer os próprios desejos.

Tenho consciência de que a linha de raciocínio que desenvolvi neste voto não é aceitável para aqueles que consideram apenas os efeitos imediatos de uma decisão e ignoram as implicações de longo prazo de uma decisão de exceção por parte do Poder Judiciário. Um veredicto estrito nunca é popular. Há juízes celebrados na literatura por elaborar subterfúgios maliciosos, por meio dos quais o litigante acabou sendo privado de seus direitos, nos casos em que a opinião pública considerava inaceitável garantir tais direitos. Creio, contudo, que a exceção feita pelo Poder Judiciário traz mais malefícios a longo prazo do que uma decisão rigorosa. Os casos polêmicos podem conter, muitas vezes, certo valor moral, ao provocar no público a reflexão sobre suas próprias responsabilidades com relação à lei, que é, em última instância, sua criação, lembrando-lhes, igualmente, que não há um princípio de perdão pessoal que possa mitigar os erros cometidos por seus representantes.

Na verdade, irei mais longe e direi que não só os princípios que exponho são os mais sólidos para as nossas condições atuais, mas que teríamos herdado um melhor sistema legal de nossos antepassados, se esses princípios tivessem sido observados desde o início. Por exemplo, se nossos tribunais tivessem se mantido estritos em aplicar a letra da lei com relação à excludente de legítima defesa, o resultado, sem dúvida, teria sido uma revisão legislativa. Tal revisão teria buscado a assistência de filósofos e psicólogos, e a resultante regulamentação da matéria teria uma base compreensível e racional, em vez da mixórdia de verbalismos e distinções metafísicas que emergiram do tratamento judicial e acadêmico.

Estas observações finais estão, com efeito, além dos deveres que tenho de cumprir com relação a este caso, mas os incluo aqui porque sinto profundamente que meus colegas não estão suficientemente conscientes dos perigos implícitos nas concepções sobre a magistratura defendidas por meu colega Foster[19].

Concluo, assim, que a sentença condenatória deve ser confirmada.

---

[19] Aqui, podemos observar a distinção entre o ético e o moral compreendida pelos filósofos. Muitas vezes, aplicar a lei (a moral), conforme defende o juiz Keen, implica em tomar-se uma decisão não ética. Este paradoxo que pode ocorrer entre a ética e a moral pode ser visto na tragédia *Antigona*, de Sófocles. Antigona desrespeita a lei, que proíbe o funeral de seu irmão, considerado traidor da pátria, porque tem a obrigação ética de providenciar que o irmão seja enterrado dignamente, de modo que seu *manes* não vagasse pela eternidade; ou seja, para realizar uma ação ética com relação a seu irmão morto, Antigona comete uma imoralidade (desobedece a lei), pelo que é severamente punida (N. do T.).

Handy, J.

Ouço com espanto os raciocínios angustiados, suscitados por este caso simples. Nunca cesso de questionar a capacidade de meus colegas de lançar uma cortina obscura de legalismos sobre cada questão que lhes é apresentada para julgar. Ouvimos esta tarde eruditos arrazoamentos sobre a distinção entre direito positivo e direito natural, entre a letra da lei e seu propósito, entre funções judiciais e executivas, entre a legislação proveniente do Judicial e do Legislativo. Desaponta-me, porém, que ninguém tenha levantado a questão da natureza jurídica do acordo feito na caverna — seja ele unilateral ou bilateral, e se não se poderia considerar a revogação por parte de Whetmore de sua anuência anterior sob tal acordo.

O que tem tudo isto a ver com o caso? O problema diante de nós é o que, enquanto funcionários do governo, devemos fazer com esses réus. Esta é uma questão de sabedoria prática a ser exercida em um contexto; não se trata de um problema abstrato, mas pertinente à realidade humana. Quando o caso é abordado sob esta luz, torna-se, penso eu, um dos mais fáceis de decidir que já foram julgados por este tribunal.

Antes de colocar minhas conclusões sobre os méritos deste caso, gostaria de discutir brevemente algumas das questões mais fundamentais envolvidas — e sobre as quais meus colegas e eu estamos divididos.

Jamais fui capaz de demostrar a meus colegas que o governo é um assunto humano, e que os homens são governados, não por palavras postas no papel ou por teorias abstratas, mas por outros homens. O povo é bem governado quando seus governantes compreendem seus sentimentos e anseios; e é malconduzido, quando não há tal compreensão.

De todos os ramos do governo, o Poder Judiciário é o mais propenso a perder o contato com o homem comum. Os motivos para isso são, de fato, deveras claros. Enquanto as massas reagem a uma situação em termos de algumas características marcantes, nós, juízes, dividimos em pequenas partes cada situação que nos é apresentada. Com efeito, os advogados são contratados por ambos os lados para analisar e dissecar. Os juízes e advogados concorrem entre si para ver quem pode descobrir o maior número de dificuldades e distinções em um único conjunto de fatos. Cada lado tenta encontrar fatos, reais ou imaginários, que irão envergonhar as manifestações do outro lado. Para escapar deste embaraço, outras distinções são inventadas e relacionadas à situação. Quando um conjunto de fatos é submetido a esse tipo de tratamento por tempo suficiente, toda sua vida e essência termina por ser drenada, restando apenas um punhado de poeira.

Percebo que, sempre que houver regras e princípios abstratos, os juristas poderão fazer distinções. Até certo ponto, o que descrevi é um mal necessário associado a qualquer regulamentação formal de questões humanas. Entretanto, creio que a área que realmente precisa de tal regulamentação é superestimada. Há, certamente, em todo jogo, algumas regras fundamentais que devem ser aceitas como precondição para sua realização. Eu incluiria entre estas, as regras relativas à condução das eleições, à nomeação de funcionários públicos e ao termo que um cargo deve ser ocupado. Aqui, alguma restrição à discrição e à exceção, à forma e àquilo que a norma abrange e não abrange é, concordo, essencial. Talvez a área do princípio básico deva ser expandida de modo a incluir algumas outras regras, como as que se destinam a preservar o sistema de livre mobilidade civil.

Entretanto, afora tais campos, acredito que todos os funcionários públicos, inclusive os juízes, irão realizar um melhor trabalho, se utilizarem formas e conceitos abstratos como instrumentos. Devemos tomar como modelo, penso eu, o bom administrador que adequa procedimentos e princípios para o caso em questão, selecionando entre as formas disponíveis as mais apropriadas para alcançar o resultado devido.

A vantagem mais óbvia deste método de governo é que ele nos permite cumprir nossas tarefas diárias com eficiência e senso comum. Minha adesão a esta filosofia tem, no entanto, raízes mais profundas. Creio que é somente com a iluminação produzida por esta filosofia que podemos preservar a flexibilidade essencial, se quisermos manter nossas ações em razoável acordo com os sentimentos daqueles sujeitos à nossa lei. A falta desse acordo entre governante e governado causou a ruína de mais governos e provocou mais miséria humana do que qualquer outro fator percebido ao longo da história. Quando o povo e aqueles que dirigem sua vida jurídica, política e econômica estão em desacordo, a sociedade é arruinada[20]. Então, nem o direito natural de Foster, nem a fidelidade à letra da lei proposta por Keen nos servirão para nada.

Ora, quando essas concepções são aplicadas ao caso *sub judice*, sua decisão torna-se, como disse, demasiadamente fácil. Para demonstrar isso, terei que introduzir certas realidades que meus colegas, em seu

---

[20] Esta afirmação remete à política socrática. Em *Alcebíades*, Sócrates afirma, pela pena de Platão, que a política é a arte de tecer laços de amizade entre os cidadãos, isto é, de produzir harmonia entre suas classes. Do contrário, "uma política que seria apenas gestão de corpos e de bens só poderia levar à discórdia" (CAMUS et al, 2014, p. 11) (N. do T.).

recatado decoro, julgaram oportuno omitir, apesar de serem tão conscientes delas quanto eu.

A primeira de tais realidades é que este caso despertou enorme interesse público[21], tanto aqui quanto no exterior. Quase todos os jornais e revistas publicaram artigos sobre o ocorrido, os colunistas divulgaram a seus leitores informações confidenciais sobre as articulações do governo, centenas de cartas foram enviadas aos editores. Uma de nossas grandes redes de notícias fez uma pesquisa da opinião pública sobre a questão: "O que você acha que a Corte Suprema deve fazer com os exploradores de cavernas?". Cerca de noventa por cento expressaram a opinião de que os réus deveriam ser perdoados ou absolvidos com uma pena simbólica. Está perfeitamente claro, portanto, como a opinião pública sente-se a respeito deste caso. Sabíamos, certamente, isso sem a necessidade da pesquisa, com base no senso comum, ou mesmo observando que, neste tribunal, quatro homens e meio, ou noventa por cento, compartilham tal opinião.

---

[21] O autor fez um grande apanhado pela corrente que influencia o pensamento jurídico e, de maneira direta, nos contornos da decisão. Mas é neste momento da obra que traz a questão da influência popular, ou seja, a formação da opinião pública e seu impulso na concordância com o fato e o relato. Hoje, em tempos de internet e redes sociais, a condenação e o linchamento público podem se instaurar em segundos, e horas depois já temos o veredicto (N. do A).

Isso torna óbvio não só o que deveríamos fazer, mas o que devemos fazer, se quisermos estabelecer uma harmonia razoável e digna entre nós e a opinião pública. A decisão de declarar que esses homens são inocentes não necessariamente nos envolve em qualquer ardil ou artifício indigno. Tampouco faz-se necessário qualquer princípio de interpretação legal que não esteja em acordo com as práticas pretéritas deste tribunal. Certamente, nenhum leigo pensaria que, ao absolver estes réus, nós distendemos a lei mais do que os nossos antepassados quando criaram a excludente de legítima defesa. Se uma demonstração mais detalhada do método de conciliação da nossa decisão com o dispositivo legal se fizer necessária, contento-me em sustentar os argumentos desenvolvidos na segunda e menos imaginosa parte do julgamento de meu colega Foster.

Sou consciente de que meus colegas horrorizar-se-ão diante de minha sugestão de que este tribunal deve levar em conta a opinião pública. Irão replicar que a opinião pública é emocional e caprichosa, que se baseia em meias verdades e ouve testemunhas que não estão sujeitas a um novo interrogatório. Argumentarão que a lei permeia o julgamento de um caso como este com salvaguardas estritas, destinadas a garantir que a verdade seja conhecida, e que toda consideração racional sobre as questões do caso seja levada em conta. Advertirão que, caso uma opinião do público formada fora deste quadro puder influenciar nossa decisão, todas estas salvaguardas perderão seu efeito.

Mas examinemos com imparcialidade algumas das realidades da aplicação do nosso direito penal. Quando um homem é acusado de crime, há, falando de modo geral, quatro maneiras pelas quais ele pode evitar a condenação. Uma delas é a determinação por parte de um juiz de que, nos termos da lei aplicável, o réu não cometeu crime algum. Esta é, decerto, uma decisão que ocorre em uma atmosfera bastante formal e abstrata. Mas vejamos as outras três maneiras pelas quais o acusado pode evitar a punição. São elas: (1) uma decisão do procurador público de não pedir a instauração do processo; (2) uma absolvição pelo júri; (3) um perdão ou comutação de sentença pelo Poder Executivo. Pode alguém negar que essas decisões são realizadas dentro de um quadro rígido e formal de regras que evitam erros factuais, excluem fatores emocionais e pessoais e garantem que todas as formas da lei serão observadas?

No caso do júri, nós, com certeza, tentamos limitar suas deliberações na área do legalmente relevante, entretanto não há necessidade de nos enganarmos acreditando que tal tentativa é realmente bem-sucedida. No curso normal dos acontecimentos, o caso que ora analisamos deveria ter sido julgado, com todos os seus problemas, pelo júri. Se isso tivesse ocorrido, podemos ter certeza de que os réus teriam sido absolvidos ou que, pelo menos, teria havido uma divisão que impediria a condenação. Se o júri tivesse sido informado de que a inanição dos réus e o acordo que fizeram não constituem defesa à acusação de homicídio, seu veredicto teria, com toda a probabilidade, ignorado esta instrução e teria envolvido muito mais distorções da letra da lei do que qualquer um de nós seria tentado a fazer. Certamente, o único motivo porque isto não ocorreu foi a circunstância fortuita de o chefe do júri ser advogado. Seus conhecimentos permitiram que ele criasse uma fórmula verbal que possibilitou ao júri evadir-se de suas responsabilidades habituais. Meu colega Tatting expressa contrariedade porque o procurador público não decidiu, de fato, o caso, abstendo-se de requerer a instauração do processo. Probo como é no cumprimento das exigências da teoria jurídica, teria se contentado em fazer com que o destino desses homens fosse decidido fora do tribunal pelo procurador público com base no senso comum. O presidente do tribunal, por outro lado, quer que a aplicação do senso comum seja adiada até o final, embora, como Tatting, ele não queira tomar parte nessa decisão.

Isto me conduz à parte final das minhas observações, que tem a ver com a clemência executiva. Antes de discutir esse tema diretamente, quero fazer uma observação com relação à pesquisa da opinião pública. Como eu disse, noventa por cento das pessoas queriam que a Suprema Corte absolvesse os réus por completo, ou com uma pena mais ou menos nominal. Os dez por cento restantes constituem um grupo singularmente variado, com as opiniões mais curiosas e divergentes. Um dos nossos especialistas acadêmicos realizou um estudo sobre esse grupo e descobriu que seus membros se enquadram em determinados padrões. Uma parte substancial é constituída por assinantes de publicações da chamada "imprensa marrom", que passaram a seus leitores uma versão distorcida dos fatos deste caso. Alguns destes entrevistados pensam que a palavra "espeleólogo" significa "canibal" e que a antropofagia é um dos princípios da sociedade. Contudo, o ponto que quero notar é o seguinte: embora quase todas as variedades concebíveis de opinião tenham surgido nas respostas desse grupo, tanto quanto sei, nenhum deles — e tampouco entre o grupo majoritário dos noventa por cento que os perdoariam —, respondeu: "creio que seria bom se o tribunal condenasse esses homens a serem enforcados e que, então, outro poder do Estado intercedesse e os perdoasse". No entanto, esta é uma solução que tem mais ou menos dominado as nossas discussões, e que o presidente do tribunal propõe como a forma pela qual podemos evitar cometer qualquer injustiça e, ao mesmo tempo, preservar o respeito pela lei. O presidente do tribunal pode ter certeza de que, se ele está preservando a moral de qualquer pessoa, é a dele mesmo, e não a do público, que ignora suas distinções. Menciono esta questão porque desejo enfatizar mais uma vez o perigo de perdermo-nos nos padrões de nosso próprio pensamento e esquecer que esses padrões muitas vezes não lançam a menor sombra sobre o mundo exterior.

Chego agora ao fato mais importante deste caso, um fato conhecido por todos nós deste tribunal, embora meus colegas tenham considerado oportuno encobri-lo com suas togas. Trata-se da probabilidade assustadora de que, se a questão for deixada a seu encargo, o chefe do Poder Executivo se recusará a perdoar esses homens ou a comutar sua sentença. Como todos sabemos, o chefe do Poder Diretor Executivo é um homem de idade bem avançada, de princípios muito rígidos. O clamor público geralmente recai sobre ele com o efeito reverso do esperado. Como eu disse a meus colegas, acontece que a sobrinha da minha esposa é amiga íntima de sua secretária. Soube dessa maneira indireta, porém, creio eu, totalmente confiável, que ele está firmemente determinado a não comutar a sentença se os réus forem considerados culpados.

Ninguém lamenta mais do que eu a necessidade de basear uma questão tão importante em informações que poderiam ser caracterizadas como mexerico. Se eu tivesse poder de determinar o curso das ações, isso não aconteceria, pois eu teria adotado a medida sensata de reunir-me com o Executivo, abordando o caso em conjunto, descobrindo quais são suas opiniões e, talvez, produzindo um programa comum para abordar a situação. Mas é claro que meus colegas jamais concordariam em abordar o problema desse modo. Seu escrúpulo com relação à aquisição de informações precisas por meio direto não impediu que ficassem bastante perturbados sobre o que descobririam de modo indireto. Seu conhecimento dos fatos que acabei de colocar explica o motivo pelo qual o juiz principal, normalmente um modelo de decoro, considerou oportuno agitar sua toga diante do rosto do Executivo, ameaçando-o com a excomunhão se não comutasse a sentença. Isso explica, suspeito, a proeza de levitação efetuada por meu colega Foster, pela qual toda uma biblioteca de livros jurídicos foi retirada de sobre os ombros dos réus. Isto explica também porque meu colega legalista Keen imitou o personagem Pooh-Bah da antiga comédia, passando para o outro lado do palco para dirigir algumas observações ao Poder Executivo "na minha qualidade de cidadão particular". (Observo, aliás, que o conselho do cidadão particular Keen aparecerá nos autos impresso deste tribunal às expensas dos contribuintes.)

Devo confessar que, à medida que envelheço, fico cada vez mais perplexo com a recusa dos homens em aplicar seu senso comum a problemas de direito e de governo; e este caso deveras trágico aprofundou meu sentimento de desânimo e de consternação. Desejo apenas convencer meus colegas sobre a sabedoria dos princípios que apliquei ao ofício jurídico desde que comecei a praticá-lo. Na verdade, por uma espécie de triste retorno ao mesmo ponto, encontrei problemas semelhantes aos aqui envolvidos no primeiro caso que julguei como juiz de primeira instância no tribunal do condado de Fanleigh.

Uma seita religiosa retirou os privilégios eclesiásticos de um pastor que teria adotado os pontos de vista e práticas de uma seita rival. Em reação, o pastor distribuiu um folheto fazendo acusações contra as autoridades que o expulsaram. Certos membros leigos da igreja anunciaram uma reunião pública na qual explicariam a posição da igreja. O pastor participou dessa reunião. Algumas pessoas afirmaram que ele entrou disfarçadamente, sem ser observado. Contudo, em seu testemunho, o pastor declarou que havia entrado abertamente, como parte do público. De qualquer forma, quando os discursos começaram, ele interrompeu com certas questões sobre os assuntos da igreja e fez algumas colocações em defesa de seus pontos de vista. Como resultado, o pastor foi atacado por alguns dos presentes e agredido violentamente, tendo, entre outras lesões, o maxilar fraturado. Ele intentou uma ação de indenização contra a associação que promoveu a reunião, bem como contra dez indivíduos, cujos nomes ele forneceu, os quais alegou terem sido seus agressores.

Quando iniciamos o julgamento, o caso, a princípio, me pareceu bastante complicado. Os advogados levantaram uma série de dificuldades legais. Foram colocadas questões interessantes sobre a admissibilidade das provas. E, em relação à ação contra a associação, alguns problemas dificultosos surgiram em torno da questão sobre o pastor ser um intruso ou se era autorizado a lá estar. Como noviço na magistratura, estava ansioso para aplicar o conhecimento adquirido na escola de direito e comecei a estudar essas questões em profundidade, pesquisando os autores que são referência e preparando considerandos bem-documentados. Ao aprofundar-me no caso, envolvi-me cada vez mais em suas complexidades jurídicas e comecei a entrar em um estado semelhante àquele demonstrado pelo meu colega Tatting com relação ao presente caso. De súbito, porém, percebi que todas aquelas questões desconcertantes não tinham, com efeito, nada a ver com o processo, e comecei a examiná-lo à luz do senso comum. A demanda imediatamente ganhou uma nova perspectiva, e entendi que a única coisa que devia fazer era absolver os réus por falta de provas.

Cheguei a essa conclusão pelas seguintes considerações: o ataque no qual o autor foi ferido estava muito confuso, com algumas pessoas tentando chegar ao centro do tumulto, enquanto outras tentavam se afastar dele; alguns criticaram o autor, enquanto outros tentaram protegê-lo. Teria levado semanas para descobrir a verdade. Assim, decidi que o maxilar quebrado de alguma pessoa não tinha tanta relevância para a Confederação. (Os ferimentos do pastor, aliás, já estavam curados sem causar desfiguração e sem qualquer prejuízo das faculdades normais.) Além disso, senti muito fortemente que o demandante havia motivado, em grande parte, o problema. Ele estava consciente do quanto os ânimos estavam inflamados pela polêmica; além disso, o pastor poderia facilmente ter encontrado outro fórum para a expressar seus pontos de vista. Minha decisão foi totalmente aprovada pela imprensa e pela opinião pública, nenhuma das quais admitia os pontos de vista e práticas que o pastor expulso tentava defender.

Hoje, passados trinta anos, graças a um procurador público ambicioso e a um presidente do júri legalista, enfrento um caso que suscita questões que, no fundo, têm semelhança com o que acabo de expor. O mundo não parece ter mudado, em demasia, exceto que desta vez não é um julgamento por 500 ou 600 *frelares*[22], mas pela vida ou morte de quatro homens que já sofreram mais tormento e humilhação do que a maioria de nós enfrentaria em mil anos. Concluo, pois, que os réus são inocentes do crime do qual são acusados e que a condenação e a sentença sejam anuladas.

---

[22] Veja nota 2.

Tatting, J.

Ao ser questionado pelo presidente do tribunal se, depois de ouvir as opiniões que acabei de ouvir, desejo reexaminar a posição anteriormente por mim assumida. Gostaria de afirmar que, depois de ouvir essas opiniões, sinto-me muito fortalecido em minha convicção de que não devo participar do julgamento deste caso.

Estando o Supremo Tribunal uniformemente dividido, mantém-se a condenação e sentença do Tribunal de Instâncias Gerais. É ordenado que a execução da sentença ocorra às 6 horas da manhã, sexta-feira, 2 de abril de 4300, momento em que o executor público deverá cumprir a determinação enforcando os réus.

Pós-escrito

Tendo o tribunal pronunciado seu julgamento, o leitor, admirado com a escolha da data, deve lembrar que o número de séculos que nos separa do ano 4300 é aproximadamente o mesmo que nos distancia da Era de Péricles[23]. Provavelmente, não há necessidade de observar que o caso dos exploradores de cavernas não se destina a ser uma obra satírica, tampouco trata-se de uma predição, em qualquer sentido atribuído ao termo. Quanto aos juízes que compõem o tribunal da Suprema Corte de Truepenny, são, naturalmente, tão míticos quanto os fatos e precedentes dos quais tratam. O leitor que se negar a aceitar essa visão, bem como

[23] Péricles (c. 495-2 a.C. -- 429 a.C.) legislou Atenas durante parte significativa do período de maior desenvolvimento econômico e cultural dessa cidade, entre a vitória sobre os persas em Salamina e a Guerra do Peloponeso — a "Idade de Ouro de Atenas" ou "Século de Péricles". Foi um dos períodos de maior criatividade da história da humanidade (N. do T.).

aquele que procurar ver semelhanças contemporâneas, onde nada é pretendido ou contemplado, deve ser advertido de que está cometendo um erro que pode levá-lo a perder as modestas verdades enunciadas nos votos emitidos pela Suprema Corte de Newgarth. O caso foi concebido com o único propósito de colocar em foco certas filosofias divergentes do direito e do governo. Essas filosofias apresentavam questões profundas sobre as escolhas a fazer, já nos dias de Platão e Aristóteles. Talvez continuem a fazê-lo, mesmo depois de nossa era ter dado sua palavra final sobre as mesmas. Se houver algum elemento de predição no caso, não vai além da sugestão de que as questões nele envolvidas estão entre os problemas permanentes da raça humana.

GERAÇÃO EDITORIAL

Rua João Pereira, 81 – Lapa

CEP: 05074-070 – São Paulo – SP

Telefone: (+ 55 11) 3256-4444

E-mail: **geracaoeditorial@geracaoeditorial.com.br**